AF199058

Dirk Geest

Katalogdeutsch im Klartext für Urlaubsreisende

2. Auflage

2.Auflage
Herstellung und Verlag:
BoD – Books on Demand, Norderstedt
ISBN: 9783751923293
Bibliografische Information Der Deutschen Nationalbibliothek
Die Deutsche Nationalbibliothek verzeichnet diese Publikation
in der Deutschen Nationalbibliografie; detaillierte bibliografische
Daten sind im Internet über http://dnb.dnb.de abrufbar.

Über den Autor

(Foto: Dirk Geest)

Dirk Geest, Diplom-Kaufmann (FH) geb. 1976 in Kiel, hat nach seinem eigenen Tourismus-Studium bei mehreren Reiseveranstaltern innerhalb der Tourismusbranche gearbeitet. Seine spezielle Ausbildung, seine eigenen Berufserfahrungen innerhalb der Reisebranche sowie seine eigenen Auslands- und Urlaubsaufenthalte hat er in dieses aktuelle Buch als auch in die vorherigen Bücher *„Aufstieg und Absturz der Billigflieger"* (2020) und *„Die 50 skurrilsten Reisebeschwerden – und so hat Justitia entschieden"* (2015) mit einfließen lassen.

Weitere Bücher und Infos unter: www.dirkgeest.de

Katalogdeutsch im
Klartext für Urlaubsreisende

Inhaltsverzeichnis

I. Vorwort

Endlich Urlaub! Und dann das…

Der lang ersehnte Urlaub steht endlich nun vor der Tür – schnell noch eine Reise buchen und los geht`s! Und dann das…

Kaum im Urlaubsparadies angekommen, gibt es schon den ersten Schock. „Das stand im Reisekatalog aber ganz anders drin", ist nicht selten eine ernüchternde Äußerung und Feststellung, die Urlauber im Zielgebiet machen, sobald sie ihren Urlaubsort, ihre Unterkunft oder den Strand sehen. Die *„neu erbaute Anlage"* entpuppt sich als Restbaustelle, der *„naturbelassene Strand"* als Müllkippe, *„Zimmer im mediterranen Stil"* sind in Wirklichkeit kahl, nüchtern und lieblos eingerichtet und der vermeintliche *„Direktflug"* bei Anreise ist nichts anderes als ein Flug mit einer geplanten Zwischenlandung auf einem weiteren Flughafen, wodurch sich die Anreisezeit verlängert – zu Lasten der Urlaubsfreude. Ein *„Non-Stop Flug"* wäre die bessere Alternative gewesen und hätte den Urlauber tatsächlich auf direktem Wege vom Heimatflughafen in Deutschland ins Urlaubsdomizil gebracht. Hätte man das doch nur vorher gewusst – diese Feinheiten, ach je…

Hätte, hätte alles nicht sein müssen, wenn man die „Geheimsprache der Reisekataloge" (das sogenannte „Katalogdeutsch") wirklich versteht. Zwischen der Beschreibung von touristischen Leistungsmerkmalen und der tatsächlichen Bedeutung klafft oftmals eine Lücke auseinander. Hinter vermeintlich positiven Formulierungen in den Reisekatalogen stecken tatsächlich negative Aussagen. Ähnlich wie bei den Arbeitszeugnissen gibt es grundsätzlich keine negativen Formulierungen. Glücklicherweise haben die Reiseveranstalter aber auch keine totale Narrenfreiheit und können Gott sei Dank nicht völlig willkürlich blumige Formulierungen und Bezeichnungen für ihre touristischen Leistungen verwenden: Der Gesetzgeber hat verbindliche Prospektangaben vorgeschrieben mittels der Verordnung über Informationspflichten von Reiseveranstaltern, um einen Beitrag zur Transparenz, Ehrlichkeit und Klarheit zu leisten.

Die Reiseveranstalter selber befinden sich insofern in einem Interessenskonflikt, als dass sie vom Gesetz her verpflichtet sind, zu informieren und sich einer ehrlichen und verständlichen Sprache zu bedienen und klare Reise- und Preisangaben zu machen. Gleichzeitig dürfen sie den verkäuferischen Aspekt aus eigenem Interesse nicht außer Betracht lassen. Nachbearbeitete Fotos von professionellen Fotografen sollen Emotionen beim potenziellen Urlauber wecken und ihn schließlich zur Reisebuchung animieren und verführen, denn schließlich wollen und müssen die überwiegend privatwirtschaftlich ausgerichteten Unternehmen Geld mit ihren Reisen verdienen. Die Grundsätze der Prospektwahrheit und -klarheit stehen also prinzipiell dem hausgemachten Verkaufsdruck bedingt durch einen verschärften Wettbewerb in der Branche gegenüber – eine Balanceakt. Und dass es diesbezüglich eine Diskrepanz gibt, beweist auch die Tatsache, dass es nach wie vor eine beträchtliche Anzahl von Kundenbeschwerden und Klagen vor Gericht gibt.

Kurzum

Die Reiseveranstalter setzen spezielle Akzente und versuchen, die positiven Eigenschaften bei der Unterkunft, Verpflegung und in der Umgebung ins rechte Licht zu rücken, diese zu betonen und negative Eigenschaften abzuschwächen. Angesichts klagefreudiger Urlauber müssen die Katalogformulierungen aber gleichzeitig auch juristisch wasserdicht sein. Das Ergebnis ist ein „Katalog-Kauderwelsch mit vielen Codes" und mehrdeutigen Formulierungen, die es richtig zu interpretieren und einzuschätzen gilt, damit die Urlaubsbuchung gelingt. Man sollte die Katalogbeschreibungen demnach also grundsätzlich kritisch lesen und sich nicht zu sehr von den Hochglanzfotos der Prospekte und zusammengeschnittenen Videos von Buchungsplattformen aus dem Internet blenden lassen.

Warum dieses Buch? Ihr Nutzen

Dieses „Lexikon der Reisekatalogsprache" – die 2. Auflage – umfasst die wichtigsten Begriffe der Urlaubsindustrie, die Ihnen bei der Buchung Ihrer nächsten Urlaubsreise über den Weg laufen werden. Damit Sie auch wissen, was Sie tatsächlich buchen, habe ich die gängigsten „Urlaubsvokabeln" von A-Z für Sie aufgelistet, „übersetzt" und „Klartext" gesprochen. Dann wissen Sie, was wirklich hinter den z.T. ausgeschmückten und blumigen Formulierungen der Reiseveranstalter steckt. Durch Ihr neu erworbenes Wissen können Sie fortan die Reisebeschreibungen besser einschätzen und somit die für Sie richtige Reise einfacher finden – um am Ende zufriedener zu sein.

Im Anschluss an das „Vokabeltraining" habe ich Ihnen als „Lernkontrolle" ein paar Testfragen in Form eines Quizes zusammengestellt, damit Sie als neuer „Urlaubsversteher" keine bösen Überraschungen (mehr) erleben…

Im Schlussteil möchte ich Ihnen an dieser Stelle stellvertretend drei Vokabel- und Fallbeispiele aus meinem **Buch „*Die 50 skurrilsten Reisebeschwerden – und so Justitia entschieden!*"** zeigen, die tatsächlich vor Gericht verhandelt wurden.

Viel Spaß in Ihrem nächsten Urlaub!!

Kiel, April 2020   Dirk Geest

**Das Lexikon der Reisekatalogsprache:
Urlaubsbegriffe von A-Z**

A

A	Abendessen
Abendliche Tanzveran-staltungen	Abendliche Tanzveranstaltugen erreichen in der Regel zwar nicht dieselbe Lautstärke wie Discotheken, aber mit Musik und Lärm ist entweder innerhalb des Hotels oder aus der näheren Umgebung durch umliegende Kneipen, Bars etc. zu rechnen.
AC	Air Condition (Klimaanlage)
AI	All-Inclusive
All-Inclusive	Alles Inklusive (Frühstück, Mittagessen, Abendessen, landestypische Getränke). Dieser Begriff ist gesetzlich nicht geregelt. Es gibt keine allgemeingültige Definition dafür, so dass die Leistungen dabei von Anbieter

	zu Anbieter stark voneinander abweichen können. Oft gibt es Einschränkungen bei der Zeit (z.B. 11-23 Uhr), Art (nur lokale Getränke) und Ort (z.B. nur Hauptbar). Freizeit- und Sport-möglichkeiten sind meist zusätz-lich kostenpflichtig.
A la Carte	Man kann aus einer Speisekarte eines der vorgegeben Gerichte auswählen; die Bedienung fin-det am Tisch statt.
Alle alkoho-lischen und alkoholfreien Getränke	Diese Angabe bezieht sich na-türlich nur auf die Getränke, die auch im Hotel verfügbar sind.
All-Suite-Hotel	In diesem Hotel gibt es aus-schließlich Suiten.
Amerikani-sches Früh-stück	Dieses Frühstück beinhaltet Weißbrot bzw. Toast / Brötchen, warme Speisen (z.B. Eier bzw. Rührei / Omelett, Würstchen, Schinken) und Cerealien.
Amphitheater	Eine offene bzw. halboffene Showbühne mit Bestuhlung

Am Strand-boulevard	Mehrspurige Straßen
An belebter Uferstraße	Mit Straßenlärm ist zu rechnen.
Animation nach Bedarf	Die Hotelleitung entscheidet relativ willkürlich, ob, wann und wo sie eine Animation anbietet.
Animation während der Hauptsaison	Die Hauptsaison entspricht meistens den Sommerferien, also wird die Animation auch nur dann angeboten.
Anlage direkt am Strand	Bei dieser Bezeichnung muss die Anlage auch tatsächlich direkt am Strand liegen. Es darf keine Straße dazwischen liegen.
AP	Appartement
Appartement	Ein Appartement ist eine Unterkunft mit separaten Schlaf- und Wohnräumen sowie einer Kochnische bzw. Küchenzeile (normalerweise zur Selbstverpflegung). Ein Appartement ist größer als ein Studio.

Aparthotel	Bei einem Aparthotel stehen sowohl Studios als auch Appartements zur Auswahl.
Arzt im Hotel	Das bedeutet aber nicht, dass der Arzt dauerhaft verfügbar ist im Hotel, sondern nur zu bestimmten Zeiten oder nach Vereinbarung.
Aufstrebende Gegend / Aufstrebender Ferienort	Diese Urlaubsorte samt Infrastruktur müssen sich erst noch entwickeln. Meistens sind noch viele Baustellen vorhanden (Vorsicht: Lärm!).
Ausreichend Liegen vorhanden	Normalerweise sollte dies für die überwiegende Zeit auch so sein, auch wenn es nie eine 100%-ige Sicherheit dafür gibt...
Auswahl aus Getränken	Die Auswahl beschränkt sich meist auf einheimische / lokale Standardgetränke.

B

Badebucht	Kleiner Sandstrand umgeben von Felsen
Badeschuhe nicht verges-sen	Bei diesem spitzsteinigen Strand sollte man auf gar keinen Fall Barfuß ins Wasser hinein-gehen. Auch auf Korallen oder Seeigel sollte man aufpassen.
Badesteg	Zugang zum Meer erfolgt über einen Badesteg; meist an felsi-gen Abschnitten vorhanden. Keine Spur von Sand...
Badetücher gegen Kaution	Zu Beginn des Urlaubs muss man eine Kaution hinterlegen, die man nach dem Aufenthalt bei Rückgabe wieder zurückbe-kommt.
Balkon	Im Gegensatz zum „französi-schen Balkon" ist dieser nicht nur vorhanden, sondern auch begehbar.
BD	Bad

Beach Bar	Die Beach Bar liegt entweder direkt am bzw. in der Nähe des Strands.
Beach Club	Der Beach Club muss hingegen nicht zwangsläufig auch in Strandnähe liegen.
Beheizbarer Swimming-pool	Bedeutet lediglich, dass er be-heiz<u>bar</u> ist, nicht, dass er auch automatisch beheizt ist bzw. wird.
Bei deutschen Gästen sehr beliebt	Willkommen im „deutschen" Ausland!! Ein derartiges Hotel hat sich auf deutsche Gäste voll eingestellt. Landestypisches Ambiente fehlt hingegen.
Bei Familien beliebt	Familien mit Kindern sollten nach dieser Formulierung ge-zielt Ausschau halten, wenn sie Gleichgesinnte suchen. Ruhe-suchende sollten derartige Ho-tels unbedingt meiden.
Bekannte Anlage	Bekannt wofür? Eine eindeutige Bewertung (positiv / negativ) kann nicht vorgenommen werden.

Beliebt bei vielen Stamm- gästen	Und sind Nicht-Stammgäste auch herzlich willkommen? Vorsicht bei einer derartigen Formulierung, die prinzipiell nichts über die Qualität des Hotels aussagt!
Beliebtes Hotel	Kann eine reine Floskel sein, kann aber auch bedeuten, dass das Hotel durch attraktive Preis-Leistungsangebote schnell ausgebucht ist (hängt von evtl. Zusätzen in der Formulierung ab).
Bemühtes Personal	Hier sollte man besser nicht zu viel erwarten vom Personal, weil es inkompetent oder unzureichend ausgebildet ist.
Bequem mit dem Taxi zu erreichen	Bedeutet im Umkehrschluss, dass es keine öffentlichen Verkehrsmittel gibt.
BK	Balkon
Blütenmeer, gute Wander- möglichkei- ten	Kein Badeort

Boarding-house	Das ist ein Beherbergungs-betrieb für längere Aufenthalte in städtischer Umgebung. Serviceangebot sehr unter-schiedlich.
Boutique-hotel	Dies sind oft historische Gebäu-de, die zu Hotels umgebaut wurden mit wenig Zimmern, einer hochwertigen Ausstattung und persönlichem Service. Zielgruppe: anspruchsvolle Genießer.
Breiter Sand-strand	Breit ja, aber oft nicht so lang
Breite Strand-promenade / Uferprome-nade	Hört sich besser an als es tat-sächlich ist. Auch eine mehrspu-rige Straße für Autos kann als Strand- oder Uferpromenade bezeichnet werden.
BS	Bergseite
BU	Bungalow

Büffet-Restaurant	Es gibt eine bestimmte Auswahl an Gerichten und man bedient sich dabei selber. Getränke-service und Abräumen des Geschirrs erledigt i.d.R. das Personal.
Bungalow	Unterbringung in einem kleinen separaten, meist ebenerdigen Haus.
Bushalte-stelle vor dem Hotel	Klingt nach kurzen Wegen, das Hotel könnte aber direkt an einer vielbefahrenen Straße liegen. Das würde Straßenlärm bedeuten.

C

Club	Nichts für Ruhesuchende. Hier ist mit Musik, Animation, Sport zu rechnen.
Couples	Nur Paare (keine gleichge-schlechtlichen) werden gedul-det, jedoch keine Kinder etc.

D

DA	Doppelzimmer zur Allein-benutzung
Das Hotel befindet sich in der Ein-flugschneise	Massiver Fluglärm, möglicher-weise Tag und Nacht
Das Hotel hat sich noch ein wenig Ur-sprünglich-keit bewahrt	Hier wird ein alter und wahr-scheinlich eher herunterge-kommener Gebäudetrakt eines Hotels als „ursprünglich" ver kauft. Oftmals gibt es dazu einen moderneren Anbau. Es kann aber auch gemeint sein, dass DAS alte Hotel von mo-dernen Hotelburgen umgeben ist.
Das Meer ist über Treppen erreichbar	Das Hotel befindet sich auf bzw. an einem Fels / Hang oder einer Klippe.
Das teilweise renovierte Hotel	Es gibt also bereits renovierte und (noch) nicht renovierte Zimmer. Welches davon der Gast bekommen wird, ist schwer vorab zu sagen.

DB	Dreibettzimmer
Deluxe-Zimmer	Größer und besser ausgestattete als das Superior- und das Standard-Doppelzimmer.
Deposit	Kaution in bar oder per Kreditkarte (z.B. bei einer Mietwagenbuchung): wird am Ende der Reise bei ordnungsgemäßer Rückgabe entsprechend zurückerstattet.
Der Ort ist touristisch gut erschlossen	Massentourismus pur. Ein Hotel neben dem anderen, mit entsprechendem Lärm und Menschenmassen ist zu rechnen.
Designhotel	Mit moderner Gestaltung und Technik sowie einem betonten Farbkonzept möchten sich die Designhotels von den sog. normalen Standardhotels abheben. Sie richten sich vorwiegend an jüngere Besserverdiener.
Deutsch-sprechender Gästeservice	Die Reiseleitung und an der Rezeption spricht und versteht auch Deutsch, das andere Hotelpersonal eher nicht.

Dezente Animation	Geringes Animationsangebot
Diätgerichte nach Verfügbarkeit	Eine sehr unzuverlässige Angabe, man sollte mit wenig bis gar nichts rechnen.
Diätküche	Ausgebildete Fachkräfte stellen die Diätkost zusammen.
Die Anlage ist besonders für junge Leute geeignet	Junge Hotelgäste bedeuten meistens Lärm und unruhige Nächte für alle anderen Gäste.
Die Sportanlagen sind nicht für Profis geeignet	Das sind eher heruntergekommene und nicht sehr gut gepflegte Sportanlagen mit veralteten Geräten.
Direkt am Meer gelegen	Hört sich gut an, bedeutet aber nicht zwangsläufig, dass das Hotel am Strand liegt. Es kann auch oberhalb des Meers auf einer Klippe oder direkt am Hafen liegen und es gibt gar keinen Strand.

Direkter Zugang zum hoteleigenen Beach Club	Hotel liegt nicht direkt am Strand.
Direktflug	Flug mit Zwischenlandung auf einem anderen Flughafen, bei dem ein Teil der Passagiere ein- bzw. aussteigt, der andere Teil bleibt bis zu seinem Endziel sitzen. Dadurch verlängert sich die Reisezeit im Gegensatz zum *„Non-Stop Flug"*.
Disco nach Bedarf	Hier entscheidet der Animations- oder Hotelchef willkürlich, ob die Disco geöffnet wird.
Disco während der Hauptsaison	Wenn die Hauptsaison den Sommerferien entspricht, dann öffnet die Disco also nur in den Sommerferien.
Doppel- zimmer	Zimmer mit mind. 12 qm Fläche, Schlafgelegenheiten für zwei Personen in einem Doppelbett oder zwei Einzelbetten, die auch bei Bedarf zusammengestellt werden können.
DU	Dusche

Durchgangs-straße	Zwischen Hotel und Meer befindet sich eine Hauptverkehrsstraße, die Lärm und Abgase verursacht – evtl. Tag und Nacht.
Dusche / Badewanne	Diese Badausstattung muss entsprechend auch so im eigenen Zimmer vorhanden sein
DZ	Doppelzimmer

E

Economy und Spartipp	Ein derartiger Begriff steht für den Blick aus dem Hotelzimmer nach hinten hinaus (z.B. auf den Hof, auf die Straße). Diese Zimmer sind manchmal ungünstig geschnitten oder es gibt keine Klimaanlage. Für preisbewusste Reisende mit niedrigeren Ansprüchen.
Einfach aber zweckmäßig	Sehr einfache Ausstattung
Einheimische Küche	Einfache und eintönige Küche
Einkaufsmöglichkeiten in der Umgebung vorhanden	Es gibt ein gewisses Standardangebot mit geringer Auswahl. Vorsicht bei den Preisen und den Öffnungszeiten.
Einzelzimmer	Zimmer mit Schlafgelegenheit für eine Person
Englisches Frühstück	Erweitertes (kontinentales) Frühstück plus Eierspeisen, Speck, Toast

Erreichbar über Gehweg/ Treppen	Schwer zugängliche Badebucht oder das Hotel liegt oberhalb auf einer Klippe oder an einem Hang.
Erweitertes (kontinen-tales) Früh-stück	Kontinentales Frühstück plus Ei, Wurst, Käse
Essen in zwei Sitzungen	Restaurant ist zu klein, um alle Gäste gleichzeitig zu bedienen. Essenszeiten werden manchmal vorgegeben, manchmal wird man vorher gefragt, welche Sitzung man wünscht (z.B. 18.30 oder 21.00 Uhr).
Etagenbetten	Der Klassiker in den Jugend-herbergen: Betten übereinander
Etwas außer-halb des Ortes	Ohne genaue Entfernungsan-gabe kann es auch sehr weit außerhalb gelegen sein und man muss lange Wege für das Einkaufen, Restaurants etc. in Kauf nehmen. Vorteil: „außer-halb" bedeutet auch weniger Straßenlärm und Abgase.
EZ	Einzelzimmer

F

F	Frühstück
Familiäre / familien- freundliche Atmosphäre	Hotel der einfacheren Kategorie, oft etwas abgewohnt, wenig Komfort und Service. Kinder sind aber herzlich willkommen, daher ist auch mit entsprechen- dem Lärm am Büffet und am Pool zu rechnen. Nichts für Ruhesuchende.
Familienhotel	Dieses Hotel ist speziell auf die Wünsche und Bedürfnisse von Kindern und Eltern zugeschnit- ten. Zimmer, Essen und Unter- haltungsmöglichkeiten sind entsprechend danach ausge- richtet und konzipiert.
Familien- zimmer	Zimmer mit zwei abgetrennten Schlafbereichen, einer davon für zwei Erwachsene, der andere für mindestens ein Kind.
Feiner Koral- lenstrand	Vorsicht, hier kann es trotzdem noch scharfkantige Korallen- reste geben.

Feinsandig	Nicht ganz so schön wie *„Puderzuckersand"*, aber die zweitbeste Variante eines Strands; leider nur selten in der Realität vorhanden
Felsstrand	Felsartiger Strandabschnitt, darf aber keine Klippe oberhalb des Meeres sein.
Ferienhaus	Unterkunft für Selbstverpfleger mit eigenem Sanitär- und Küchenbereich
Ferien-wohnung	Abgeschlossene Wohneinheit innerhalb eines Hauses mit dazugehöriger Terrasse oder Balkon
FH	Ferienhaus
Fitnesscenter	Bessere Ausstattung als ein „Fitnessraum" mit mehr Gerätealternativen
Fitnessraum	Kann sehr unterschiedlich ausfallen, meistens nur mit Grundausstattung versehen

Flach abfallender Strand	Ideal für kleine Kinder und Nichtschwimmer, man muss aber dafür sehr weit raus, bevor man schwimmen kann.
Folkloreabende	Von Laien aufgeführte Abendunterhaltung, findet nicht jeden Abend statt
Französischer Balkon	Kein Balkon im eigentlichen Sinne: Balkon ist nicht begehbar, hat keine Austrittsfläche, sondern nur ein hüfthohes Geländer
Französisches Bett	Hat meistens nur eine Bettdecke, die seitlich und am Fußende festgesteckt ist; sagt nichts über die Breite des Betts aus.
Freier Eintritt in Disco	Umgekehrt ausgedrückt: Wird „freier Eintritt" nicht explizit erwähnt, kann es sein, dass ein Eintritt ggf. extra zu zahlen ist.
Fröhlicher Ferienort	Feierlastiger Touristenort mit „Ballermann-Niveau"

Frühstücks-büffet	Hier besteht die Möglichkeit, sich sein eigenes Frühstück in Selbstbedienung individuell zusammenzustellen vom Büffet. Besser „*reichhaltiges Früh-stücksbüffet*".
Für Gäste, die gerne unabhängig sein wollen	Keinerlei Hotelangebote
Für junge Leute	Party, Party, Party mit entspre-chender Ruhestörung für die anderen
Für Jung-gesellen geeignet	Prostitution im Haus. Von "*be-zahlbaren Freundschaften*" ist immer noch z.T. in thailändi-schen Hotels zu hören.
Für Unter-nehmungs-lustige	Das bedeutet Lärm im eigenen Hotel oder aus der näheren Umgebung
FZ	Familienzimmer

G

Gasthof	Gastronomiebetrieb mit Speisen, Getränken und auch einigen Unterkünfte
Gästehaus	Beherbergungsbetrieb mit Unterkünften, aber keinem Speiseangebot
Geeignet für Ausflüge in die Umgebung	Heißt, dass direkt vor Ort wenig geboten wird und dass ein Mietwagen fast obligatorisch ist, wenn man Sehenswürdigkeiten und Stadt entdecken möchte in der Umgebung.
Gelegentliche Algenanschwemmungen	Dadurch kann das Baden an einigen (vielleicht sogar an allen) Tagen des Urlaubes wegen Algenverschmutzung verboten bzw. nicht möglich sein.
Gelegentliche Discoabende	Der Animations- oder Hotelchef entscheidet nach Lust und Laune, ob die Disco geöffnet wird. Und selbst bei Öffnung sollte man nicht zu viel erwarten.

Gelegentlicher Fluglärm	Was heißt schon „gelegentlich"? Der Begriff ist nicht einheitlich definiert und deshalb sehr dehnbar. Das Hotel könnte in einer Einflugschneise liegen.
Gelegentliche Lärmbelästigung	Was heißt schon „gelegentlich"? Der Begriff ist nicht einheitlich definiert und deshalb sehr dehnbar. Hier ist wirklich allerhöchste Vorsicht geboten. Dies könnte Lärm aus der Disco oder von den Nachbarhotels sein.
Gemeinsames Abendessen	Bei Gruppenreisen bekommen alle Teilnehmer einer Gruppe dasselbe Essen.
Gepflegtes Ambiente	Diese Bezeichnung wird gerne in der gehobenen Hotelkategorie verwendet. Die Herren sind u.a. aufgefordert, lange Hosen beim Essen zu tragen.
Gepflegtes Haus	Hinweis auf ein Hotel der Luxusklasse, vergleichbar hohes Preisniveau, Smoking / Anzug erwünscht, sehr gut ausgestattet, nicht so familienfreundlich

Geräumig und komfortabel	Diese Formulierung findet man häufig bei Hotels der gehobenen Kategorie, die ein gewisses Anspruchsniveau haben.
Geschmackvolle Einrichtung	„Geschmack" ist subjektiv, aber in diesem Fall ist ein Hotel der Mittelklasse gemeint.
Getränke frei in Disko	Das All-Inclusive Konzept gilt hier auch für die Disco.
Golfhotel	Hotels für passionierte Golfspieler, entsprechend sind dies mindestens Hotels der gehobenen Kategorie. Der Golfplatz befindet sich meist direkt auf dem Hotelgelände.
Gourmethotel	Hotels für anspruchsvolle Genießer der gehobenen Küche. Meist für Paare „in den besten Jahren" (ca. 50+) ohne Kinder.
Griechischer Stil	Diese Zimmer sind nüchtern, kahl und kühl, sparsam und ohne jeglichen Komfort ausgestattet.

Großzügig eingerichtet	Kann ein größeres Zimmer oder aber auch weniger Einrichtungsgegenstände bedeuten – hängt vom Einzelfall ab.
Großzügig konzipiertes Haus	Verwirrende Bezeichnung: Es gibt keine Heizungsmöglichkeiten.
Gut geführtes Haus	Diese Floskel ist ohne Aussagekraft, sagt also überhaupt nichts aus.
Gute und viele Einkaufsmöglichkeiten nur 500m entfernt	Dies steht häufig bei Gästehäusern (ohne Verpflegungsangebot).
Gute Wandermöglichkeiten	Beim Urlaub auf dem Land bzw. in den Bergen ist diese Formulierung positiv auszulegen (gute Infrastruktur und ausgeschilderte Wanderwege); beim Strand- bzw. Badeurlaub am Meer negativ (weit weg vom Strand).

H

Haartrockner	Fest installierter, einfacher Fön im Bad
Halbpension (HP)	Frühstück und Abendessen mit einer gewissen Standardauswahl an Getränken
Halbpension plus (HP plus)	Nicht einheitlich definiert: entweder HP mit verschiedenen Getränken zu den Mahlzeiten, oder HP mit Snacks zwischendurch über den Tag verteilt
Hanglage	Das Hotel liegt an einem Berghang.
Hat sich noch etwas Ursprünglichkeit bewahrt	Hier wird ein alter und wahrscheinlich eher heruntergekommener Gebäudetrakt eines Hotels als „ursprünglich" verkauft. Oftmals gibt es dazu einen etwas moderneren Anbau. Es kann aber auch gemeint sein, dass DAS alte Hotel von modernen Hotelburgen umgeben ist.

Hauseigenes Animations- team	Halbprofessionelle Animateure
Haus mit vie- len Stamm- gästen	Und sind Nicht-Stammgäste auch herzlich willkommen? Vor- sicht bei einer derartigen For- mulierung, die prinzipiell nichts über die Qualität des Hotels aussagt.
Helle und freundliche Zimmer	Einfach, karg und schlicht ein- gerichtet. Besser: *„geräumig und komfortabel"* oder *„luxuriös"* eingerichtet
HH	Haupthaus
Hostel	Günstige Unterbringungsmög- lichkeit für jüngere Leute mit geringeren Ansprüchen, haupt- sächlich in Städten. Kein Kom- fort und Service, stattdessen Mehrbettzimmer und Etagen- betten.
Hotel	Beherbergungsbetrieb mit Rezeption, Zimmerreinigung, mindestens ein Restaurant und weiteren Dienstleistungen

Hoteleigener Strand	Ein Strandabschnitt ausschließlich für Gäste des Hotels zugänglich
Hotel für den preisgünstigen Urlaub	Kein Komfort, kein Service, einfache Ausstattung, keine Annehmlichkeiten
Hotel / Haus für junge Leute / Gäste	Party, Party, Party mit entsprechender Ruhestörung für die Anderen; kein Komfort, Service
Hotel für Unternehmungslustige	Das bedeutet Lärm im eigenen Hotel oder aus der näheren Umgebung.
Hotel garni	Beherbergungsbetrieb, der Frühstück + Getränke anbietet
Hotel in Alleinlage	Dieses Hotel liegt abseits der Zivilisation. Jegliche (touristische) Infrastruktur fehlt. Ein Mietwagen ist Pflicht, wenn man Stadt, Sehenswürdigkeiten und Umgebung entdecken möchte.
Hotel in aufstrebender Umgebung	Touristisch unerschlossen. Hier wird noch viel gebaut, mit entsprechendem Lärm und Dreck ist daher zu rechnen.

Hotel in bester Lage	Wird häufig gemessen an Faktoren, wie z.B. Lage zum Strand, Einkaufs- und Unternehmungsmöglichkeiten
Hotel in relativ ruhiger Umgebung	Vorsicht, was heißt schon „*relativ ruhig*"? Besser Abstand nehmen davon, wenn einem ein gewisses Maß an Ruhe wichtig ist.
Hotel in zentraler Lage	Im „Zentrum" gibt es oft ein hohes Verkehrsaufkommen, viel Lärm und viele Abgase.
Hotel ist in zweiter Reihe zum Meer gelegen	Entweder liegen eine Hauptverkehrsstraße oder andere (hohe) Gebäude dazwischen.
Hotel mit direktem Meerblick	Küstenstraße zwischen Hotel und Meer, evtl. kein Strand vorhanden, sondern „nur" ein Hafen
Hotel mit internationaler Küche	Internationaler Einheitsbrei; einfaches Kantinenniveau mit wenig Abwechslung, viel Überbackenem, Frittiertem und Tiefkühlprodukten

HP	Halbpension (Frühstück + Abendessen)
HS	Hauptsaison / Hochsaison
HZ	Heizung

I

Ideal für Aktivurlaub	Aktivität (Animation, Sport, Spiele etc.) statt Ruhe steht hier im Vordergrund. Mit entsprechender Lärmbelästigung ist zu rechnen.
Ideal für aktive Urlauber	Hier gibt es ein „aktives" Nachtleben in der Umgebung. Für alle Feierfreudigen ein Paradies.
Ideales Haus für preisgünstigen Urlaub	Kein Komfort, kein Service, einfache Ausstattung, keine Annehmlichkeiten
Idylle in ruhiger (Rand) Lage	Das Hotel liegt sehr einsam und abgeschieden, ohne jegliche touristische Infrastruktur fernab jeder Zivilisation. Nichts für Unternehmungslustige.
Im griechischen Stil	Diese Zimmer sind nüchtern, kahl und kühl, sparsam und ohne jeglichen Komfort ausgestattet.
Im mediterranen Stil	Diese Zimmer sind kahl und nüchtern eingerichtet.

Im Zentrum	Lärmbelästigung und möglicherweise Abgase Tag und Nacht
In Flughafennähe	Hier ist Fluglärm vorprogrammiert, evtl. Tag und Nacht.
Individuell eingerichtet	Einrichtung ist eher willkürlich zusammengewürfelt.
Individuell regelbare Klimaanlage	Die Klimaanlage wird nicht zentral gesteuert, sondern kann im Zimmer nach den eigenen Wünschen eingestellt werden.
In idyllischer Lage / idyllisch gelegen	Das Hotel liegt sehr einsam und abgeschieden, ohne jegliche touristische Infrastruktur fernab jeder Zivilisation.
In ruhiger Randlage des Ortes	Das Hotel liegt weit abgelegen außerhalb der Ortschaft.
Integriertes Kinderbecken	Das Kinderbecken ist nur durch Steine, Leine o.ä. vom Hauptpool getrennt, hat aber das gleiche Wasser.

Internationale Animation	Nicht deutsch-, sondern eher englischsprachig oder die Sprache des jeweiligen Urlaubslandes
Internationale Getränke	Importierte Getränke aus dem Ausland, manche gegen Aufpreis
Internationale Küche	Internationaler Einheitsbrei; einfaches Kantinenniveau mit wenig Abwechslung, viel Tiefkühlkost und Frittiertem
Internationales Publikum	Feierfreudige, alkoholisierte Touristen aus aller Welt treffen und amüsieren sich hier.
In unberührter Natur	Abgeschiedene und ruhige Lage; kann auch gefährlich sein wegen Steine, Geröll etc.

J

Jacuzzi	Whirlpool
JS	Junior-Suite
Junior-Suite	Großes Zimmer mit zweitem Raum für Sitzgelegenheiten
Jugend-herberge	Für junge und preissensible Leute mit kurzem Aufenthalt. Speisen und Getränke nur für Hausgäste. Aktivitäten meist mit pädagogischem Hintergrund.
Junges Serviceteam	Unerfahrenes Serviceteam

K

Karibischer Stil	Einfache und bunt angemalte, dunkle Möbel
Kategorie 4-Sterne Urlaubshotel	Es gibt keine einheitliche Hotelklassifizierung (variiert nach Land und Reiseveranstalter), deshalb sind Vergleiche von z.B. 4-Sterne Hotels so direkt nicht möglich.
Keine ausgesprochene Badeinsel	Ins Meer geht es weniger über einen Badestrand, sondern viel mehr über Felsen oder Klippen.
Kieselstrand	Vorsicht steinig, Badeschuhe nicht vergessen!
Kiesstrand / Sand	Die Spanne ist groß von grobem Kies bis feinsandig, daher können Begriffszusätze hilfreich sein für die genauere Interpretation.
Kinderbetreuung	Vom Hotel angebotene Betreuung der Kinder zu bestimmten Zeiten; Altersangaben beachten!

Kinder-Disco	Speziell für Kinder ausgerichtete Veranstaltung nach dem Abendessen und vor der Abendunterhaltung für Erwachsene
Kinderfreundliches Haus	Familien mit Kindern sind die Kernzielgruppe und wo Kinder sind, ist es oft laut. Für Ruhesuchende die falsche Wahl.
Kinderhotel	Hier stehen die Kinder im Vordergrund und das Hotel hat sich speziell auf sie eingestellt. Kinderausstattung und -betreuung sind von besserer Qualität.
King-Size Bett	Breiter als das Queen-Size Bett (150 cm) und mit zwei Matratzen ausgestattet
KL	Klimaanlage
Klimaanlage stundenweise	Klimaanlage ist nur für ein paar Stunden in Betrieb und wird zentral gesteuert.

Klimatisier-bare Zimmer	Zimmer können klimatisiert werden, werden es aber meistens nicht. Besser: "*individuell regulierbare Klimaanlage*", wenn man die Temperatur nach seinen eigenen Wünschen regulieren möchte.
Kochnische / Küchenzeile	Etwas größer als die Pantry-küche, meist mit zwei Herdplatten, häufig offen gebaut und mit dem Wohnraum verbunden
Konferenz-hotel	Für Tagungs- und Kongress-gäste (also für Geschäfts-zwecke), die meist besondere Anforderungen an die technische Ausstattung der Konferenzräume haben
Kontinentales Frühstück	Einfachste Version eines Frühstücks: Weißbrot, Butter, Marmelade, Tee, Kaffee
Korallensand	Feinstmöglicher weißer Sand (sehr selten)
Korallen-strand	Strand mit scharfkantigen Korallenfelsen, Vorsicht Verletzungsgefahr!

Küchenein-richtung / Küchenzeile	Pantryküche: Miniversion einer Küche, klein, kompakt, in Schrankform
Kühlschrank	Größer als eine Minibar, aber dafür ohne Inhalt
Kurhotel	Findet man vor allem in Heilbä- dern oder Kurorten; mit speziel- len medizinischen Gesundheits- angeboten versehen
Kurzer Trans- fer zum Flug- hafen	Man ist relativ zügig im Hotel, heißt aber im Umkehrschluss auch, dass das Hotel in der Nähe eines Flughafens oder Bahnhofs liegt und somit mit Lärmbelästigung (Tag und Nacht schlimmstenfalls) zu rechnen ist.
Küstenstraße	Mehrspurige Straße mit hohem Verkehrsaufkommen inklusive Lärm und Abgasen

L

Lage am Ortseingang	Das deutet auf eine Lage an einer viel befahrenen Hauptverkehrsstraße mit Lärm und Abgasen hin.
Landestypische Bauweise	Einfach gebaut, dünne Wände, Zimmer sind hellhörig und nicht so gut schall- und wärmeisoliert wie in Deutschland.
Landestypische Einrichtung	Spärliche Möblierung, nüchtern und kahl eingerichtet, wenig / kein Komfort
Landestypische Gerichte / Küche	Einfache Kost, wenig Vielfalt und Abwechslung
Landestypisch / Landesüblich	Deutscher Standard sollte hier nicht angewandt werden als Gradmesser, sonst wird man schlicht weg enttäuscht. Es besteht aber die Chance, etwas Neues und Andersartiges zu entdecken.
Langer Strandstrand	Lang, aber schmal

Langschläfer-Frühstück	z.T. bis 12 Uhr mittags möglich, bis kurz vor dem Mittagessen, wenn auch manchmal nur mit eingeschränktem Angebot
Lebhafte Atmosphäre	Hier wird die Nacht zum Tag gemacht. Kann auch bedeuten, dass 24 Std. Trubel und Heiterkeit vorherrschen, so dass Ruhesuchende hier vergeblich ihrem Bedürfnis nachkommen können.
Lebhafter Badeort	Mischung aus Touristen und Tagesgästen
Lebhafter Ort	Stadtlärm
Lebhaftes Hotel	Kindergeschrei, Partylärm, aufdringliche Animation; kurzum 24 Std. Lärm
Lebhaft und fröhlich bzw. quirlig	Touristen in Massen
Lebhaft und zentral gelegen	Vielbefahrene Straßen, Bars, Kneipen, Clubs in der Umgebung, was nichts anderes als Lärm bedeutet – auch nachts

Legere und ungezwungene Atmosphäre	Auf eine Kleiderordnung und Benehmen wird beim Essen keinen Wert gelegt. Nicht wundern, wenn andere Gäste in Badeshort oder Bikini ihre Mahlzeiten zu sich nehmen. Einfaches Hotel, unaufmerksames Personal, schlechter Service, feierfreudige Gäste (laut, niveaulos)
Leihwagen empfehlenswert	Das Hotel liegt absolut peripher, ggf. ist nicht nur ein normaler Mietwagen, sondern sogar ein Geländewagen zu empfehlen.
Liegen am Pool ausreichend vorhanden	Das hält trotzdem einige Gäste nicht davon ab, schon morgens früh ihren Liegeplatz mit einem Handtuch zu reservieren, auch wenn sich das nicht gehört. In der Hauptsaison kann es trotzdem eng werden, wenn es um die begehrten Plätze geht.
Liegen, Schirme gegen Gebühr	Das sind Extrakosten, die man unbedingt vorher ermitteln sollte, um dann vor Ort ggf. keine böse Überraschung zu erleben (z.B. als vierköpfige Familie bei einem zweiwöchigen Urlaub in der Hauptsaison).

Liegen, Schirme am Pool nach Verfügbarkeit	Es gibt weniger bzw. weniger funktionstüchtige Liegen, Sonnenschirme etc. als Hotelbetten, so dass es eine Knappheit gibt und nicht jeder Hotelgast eine bekommt.
Lodge	Unterkunft in einem Naturreservat oder Nationalpark, in der man klassischerweise während einer Safari in Afrika übernachtet
Low-cost Zimmer	Niedrigster Zimmerpreis für die schlechteste Lage und Ausstattung im Hotel.
LS	Landseite
Luxuriös eingerichtet	Hochwertige Ausstattung und Einrichtung mit viel Platz und Komfort

M

5 Mal täglich kostenloser Shuttle nach	Hinweis auf ungünstige Randlage des Hotels. Entweder gibt es wenige bzw. keine öffentlichen Busse / Taxen oder sie sind vergleichsweise teuer.
MB	Meerblick
Medizinische Versorgung	Einige der Hotelangestellten haben einen „Erste-Hilfe Kurs" besucht. Es bedeutet nicht, dass ein Arzt im Hotel dauerhaft anwesend ist.
Meerblick	Vom Zimmer aus gibt es einen unverbauten Blick auf das Meer. Eine Einschränkung ist beim *„seitlichen Meerblick"* vorhanden
Meerseite	Das Zimmer ist zwar zum Meer hin ausgerichtet, es gibt aber keinen unverbauten Blick darauf. Es können z.B. Gebäude den Blick darauf versperren.
Meerwasser-Swimming-pool	Salzhaltiger Meerwasser-Pool ohne Chlor

Mehrbett-zimmer	Zimmer mit Schlafgelegenheiten für mindestens drei
800 Meter zum Strand	Aber mit welchem Verkehrsmittel? Zu Fuß, mit dem Fahrrad oder mit dem Bus?
Mietsafe	Der vorhandene Safe im Hotelzimmer kann gegen eine Gebühr gemietet werden.
Mietwagen empfehlens-wert	Das Hotel liegt absolut peripher, ggf. ist nicht nur ein normaler Mietwagen, sondern sogar ein Geländewagen empfehlenswert.
Mindestens drei deutsch-sprachige TV-Sender	Es müssen nicht zwingend deutsche TV-Sender sein. TV-Sender aus Österreich oder Schweiz können es auch sein.
Minibar	Kleiner Kühlschrank mit kostenpflichtigen Getränken, Süßigkeiten, Knabbereien, der regelmäßig nach Entnahme wieder aufgefüllt wird. Auf Preise achten!
Miniclub	Bessere Kinderbetreuung (Altersangaben und Öffnungszeiten beachten)

Mit dem Taxi sind Sie in 10 Minuten im Stadtzentrum	Das Hotel befindet sich in einer Randlage. Ein Bus gibt es nicht bzw. fährt zu selten und einen Shuttle wird seitens des Hotels nicht angeboten.
Mit direktem Meerblick	Nur worauf? Auf Hafen, Klippen?
Mitternachts-Snack	Für diejenigen, die immer noch nicht satt geworden sind, gibt es oftmals im Rahmen eines All-Inclusive Konzepts zwischen 23 und 1 Uhr noch einen Snack zu essen.
Modellbild / Zeichnungen	Das Hotel war bei Katalogerstellung noch nicht fertig gebaut, deshalb sind bisher nur Modellbilder / Zeichnungen verfügbar. Ob das Hotel bei Anreise noch eine Baustelle oder doch schon fertig ist, ist manchmal ein Glücksspiel.
Modern eingerichtet	Hier entscheidet ein Zusatz vor dieser Bezeichnung darüber, wie es wirklich gemeint ist.

Motel	Beherbergungsbetrieb speziell für Kraftfahrer und Durchreisende ausgerichtet mit Standorten in Autobahn- oder Schnellstraßennähe. Eher zweckmäßig eingerichtet.
MS	Meerseite
MW	Mietwagen

N

Nach 15 Min Fußweg erreicht man...	Klingt doch besser als 1,8 km, oder?! Nicht zu unterschätzen, zumal es auch von der Wegbeschaffenheit abhängt, ob es bergig ist oder nicht.
Nachmittags Kaffee, Tee, Kuchen	Als Nachmittags-Snack
Nähe Flughafen	Starker Fluglärm, auch nachts möglich
Nationale / internationale Gerichte	Eine gewisse Auswahl von beiden Gerichten ist vorgesehen.
Nationale Getränke	Getränke aus dem jeweiligen Land, nicht nur landestypische
Naturbelassener Strand / Naturstrand	Klingt „natürlich", meint aber, dass dieser nicht feinsandige Strand nicht täglich gereinigt wird, Algen und Abfall im Sand liegen, Kieselsteine dazwischen sind und es weder Toiletten noch Umkleidekabinen gibt.

Naturgarten	Inklusive allerlei Tieren (Insekten usw.), die nicht alle mögen
Natürliche Belüftung	Offenes Fenster
NB	Neubau
Neu erbaute Anlage	Eventuell Restbaustellen vorhanden, Begrünung fehlt; Pool, Bars und Tennisplätze sind noch nicht fertig; von weiterem Baulärm ist auszugehen.
Neu eröffnetes Hotel	Nicht auszuschließen, dass noch Kleinigkeiten am Bau zu erledigen sind (Dreck und Lärm inklusive), das Hotelpersonal ist noch nicht eingespielt, die Abläufe funktionieren noch nicht reibungslos. In dieser Phase gibt es häufig spezielle Sonderangebote.
Neue renovierte Anlage	Eine „Renovierung" ist nicht einheitlich definiert als Standard. Es kann auch nur einer schlichter Farbanstrich / -überstrich sein.

Neue reno-vierte Anlage unter neuer Leitung wie-der eröffnet	Eine „Renovierung" ist nicht einheitlich definiert. Es kann auch nur einer Farbanstrich / -überstrich sein, zusätzlich wurde das Management ausge-tauscht.
NH	Nebenhaus
Non-Stop Flug	Der Flug von A nach B ohne Zwischenlandung
NR	Nichtraucher
NS	Nebensaison
Nur durch eine Straße vom Strand getrennt...	Also nur durch eine sog. „Hauptstraße" vom Strand ge-trennt, was Lärm und Abgase und für Kinder nicht selten eine Gefahr bedeutet.
Nur 250m bis zum Meer	Heißt nicht, dass in 250m Strand ist, sondern Meer, also z.B. nur ein Hafen, Klippen etc.

Nur 5 Minuten bis zum Strand / Meer	5 Minuten, aber mit welchem Verkehrsmittel (Fahrrad, Bus, Taxi) oder zu Fuß? Bei einer Angabe von 5 Min. ist von einer Entfernung von ca. 500m auszugehen.

O

Offenes Res-taurant	Seitlich und / oder oben offen gebaut je nach Urlaubsregion
Offen gestal-teter Emp-fangsbereich	Der Empfangsbereich befindet sich nicht im geschlossenen Teil des Hotels.
Öffentlicher Strand	Strand für alle
Open-Air Disco	Oftmals wird eine gemeinsame Universalbühne (z.B. für die Animation und für Abendshows) auch für die Open-Air Disco verwendet. Open-Air bedeutet Lärm vor allem in der Nacht.
Örtliche Reiseleitung	Der Reiseveranstalter hat keine eigene Reiseleitung vor Ort, sondern arbeitet in diesem Fall mit einer lokalen Zielgebiets-agentur zusammen (subopti-mal). Problem: Diese Zielge-bietsagentur arbeitet i.d.R. für mehrere Reiseveranstalter gleichzeitig, ist also nicht exklu-siv verfügbar. Auch kann es manchmal zu Sprachschwierig-keiten kommen.

Ortseingang	Das Hotel liegt am Ortsrand an einer viel befahrenen Hauptverkehrsstraße.
OV	Ohne Verpflegung

P

Panorama-blick auf das Meer	Das Hotel liegt häufig auf einem Berg oder auf einer Klippe. Oft großer Höhenunterschied zum Strand, auf Angabe zur Entfernung zum Strand achten!
Pantryküche	Miniversion einer Küche, klein, kompakt, in Schrankform
Parkhotel	Das Hotel für die Besserbetuchten liegt an einer weitläufig, gepflegten Parkanlage.
Pension	Beherbergungsbetrieb für mehr als eine Nacht; Speisenangebot richtet sich an Hausgäste.
Poolanlage	Kann aus mehreren Pools bestehen
Poolanlage mit separatem Kinderbecken	Eigenständiges Kinderbecken, das von den Hauptpools getrennt ist
Poolbar	Bar am Pool

Poollandschaft	Pool mit (schöner) Bepflanzung
Pool mit Kinderbecken	Lediglich eine Leine, Steine o.ä. trennt das Kinderbecken vom eigentlich Pool (haben dasselbe Wasser).
Privater Transfer (per Boot / Limousine) zubuchbar	Häufig ist der Transfer vom Flughafen zum Hotel mit dem Bus vorgesehen, manchmal ist er im Reisepreis inklusive, manchmal wird er standardmäßig gar nicht mit angeboten. Möchte man alleine und direkt zum Hotel gebracht werden, so kann der schnellere und bequemere Weg per Boot / Limousine bei Interesse gegen einen Aufpreis hinzugebucht werden (optional).
Professionelle Abendunterhaltung	Abendunterhaltung durch professionelle, externe Musiker / Entertainer, die speziell dafür engagiert werden.

Q

Queen-Size Bett	Mit ca. 150 cm nicht ganz so groß wie ein King-Size Bett, aber immer noch einigermaßen großzügig (eine Matratze für zwei Personen)

R

Rail & Fly	Zug zum Flug
Regelmäßige Busver- bindung	Einmal oder 12 Mal am Tag? Beides ist regelmäßig. Unzuver- lässige Angabe!
Regelmäßi- ges Unterhal- tungspro- gramm	Unterhaltungsprogramm vom hoteleigenen Animationsteam und / oder externen, semipro- fessionellen Künstlern i.d.R. mindestens zweimal pro Woche, kann aber auch variieren; vor allem in der Nebensaison kann es noch seltener stattfinden.
Reichhaltiges Frühstücks- büffet	Besser als das *„erweiterte kon- tinentale Frühstück"* und das *„verstärkte Frühstück"*: drei ver- schiedene Brot-, zwei Marmela- den-, zwei Kaffeesorten, Butter, Joghurt, Obst und Fruchtsaft.
Reservierbar	Wer als erster kommt, ...
Resort	Ferienhotel mit mehreren Pools, Restaurants, Bars, Gärten, klei- neren Geschäften und Sport- möglichkeiten.

Restaurant im Nachbar- hotel	Hotel hat kein eigenes Restau- rant, daher kooperiert es mit einem Nachbarhotel.
Romantik- hotel	Historisch gewachsene Häuser der gehobenen Kategorie für anspruchsvollere und betuchte Gäste.
Romantische Lage	Weit ab vom Schuss
RR	Rundreise
Rückflug via Palma de Mallorca	Rückflug mit Zwischenlandung und ggf. auch Umsteigen auf Mallorca
Ruhige Anlage	Keine Abendunterhaltung und Animation
Ruhige (Rand)lage	(Weit) abgelegen
Rustikal ein- gerichtet	Alte, z.T. wieder aufbereitete Möbel (nicht selten dunkle Mö- bel); einfache Ausstattung

S

Safe gegen Kaution	Der vorhandene Safe im Hotelzimmer kann gegen eine Gebühr gemietet werden.
Sand aus weißem Muschelkalk	Feinstmöglicher weißer Puderzuckersand, kommt sehr selten vor!
SAT-TV	Satelliten-TV mit Sendern aus mehreren Ländern; mindestens ein deutschsprachiger TV-Sender ist oft mit dabei, muss es aber nicht zwingend
Sauber und zweckmäßig	Einfache Zimmer, einfache Ausstattung ohne Komfort
Schallisolierte Diskothek	In den besseren Hotels kann so die Nachtruhe einigermaßen sichergestellt werden.
Schirme, Liegen gegen Gebühr	Das sind Extrakosten, die man unbedingt vorher ermitteln sollte, um dann vor Ort ggf. keine böse Überraschung zu erleben (z.B. als vierköpfige Familie bei einem zweiwöchigen Urlaub in der Hauptsaison).

Schirme, Liegen am Pool nach Verfügbarkeit	Es gibt weniger funktionstüchtige Liegen, Sonnenschirme als Hotelbetten, so dass es eine Knappheit gibt und nicht jeder Hotelgast einen bekommt.
Schlafsaal	Zimmer mit Schlafgelegenheiten für mehrere Personen
Schonkost	Ausgebildete Fachkräfte stellen die Diätkost zusammen.
Seitlicher Meerblick	Das Meer ist vom Balkon nur seitlich zu sehen.
Separate Essecke	Esstisch plus Stühle stehen im separaten Essraum oder zusammen im gemeinsamen Wohnbereich
SM / SMB	Seitlicher Meerblick
SMK	Single mit Kind
SMS	Seitliche Meerseite
Snacks	z.B. Pizza, Burger, Pommes, Sandwiches

SP	Superior-Zimmer
SPA	Spa (Sanum per aqua) heißt „Gesund durch Wasser"; Wellness- und Kosmetikeinrichtung verfügbar
Sportgeräte nicht für Profis geeignet	Sportgeräte sind nur für Anfänger geeignet
Sporthotel	Für Sportler und Mannschaften, die ein Trainingslager machen
Sportmöglichkeiten vorhanden	Gegen Extra-Gebühr
ST	Studio
Stadtstrand	Öffentlicher Strand mit Müll und Angespültem, wird seltener gesäubert
Standard-Frühstück	Entspricht dem „kontinentalen Frühstück" und damit der einfachsten Version eines Frühstücks mit Weißbrot, Butter, Marmelade, Tee, Kaffee.

Starke Strömung	Das Baden im Meer ist nur selten / gar nicht möglich.
Strandboulevard	Viel befahrene Straße. Nur, wenn sie für Pkw / Lkw gesperrt ist, ist es ruhiger und kann als Fußgängerzone genutzt werden
Strandnah	Hotel liegt in der Nähe zum Strand / Meer, aber eben nicht direkt dran. Sollte nicht weiter entfernt als 1.000m, also ca. 10 Min. zu Fuß, sein.
Strandpromenade	Die Strandpromenade muss nicht ausschließlich Fußgängern vorbehalten sein, auch Durchgangsverkehr kann erlaubt sein.
Strand variiert nach Wetterlage / Jahreszeit	Natureinflüsse verändern den Strand
Studio	Zimmer mit integriertem Wohn- / Schlafbereich und Kochnische; kleiner als Appartement
SU	Suite

Suite	Zimmer mit separatem Schlaf- und Wohnraum (größer und komfortabler als das "Doppel- zimmer"). Oft wird noch zwi- schen der „Junior-Suite" und der „Suite" unterschieden.
Superior- Zimmer	Besser als das Doppelzimmer, verfügt über mehr Fläche, bes- sere Ausstattung, besseres Mobiliar
Süßwasser- Swimming- pool	Aufbereitetes Süßwasser, kann Chlor enthalten
Swim-Up Bar	Bar im Pool mit Sitzmöglich- keiten im Wasser

T

Tagungs-hotel	Beherbergungsbetrieb speziell für Firmenkunden (Tagungs- und Kongressgäste). Entsprechend höher sind die Erwartungen und Anforderungen an die technische Ausstattung der Konferenzräume und Zimmer (Internet...).
Taxientfernung in die Stadt 10 Minuten	Dann gibt es offensichtlich keinen öffentlichen Personen- und Nahverkehr (z.B. Bus) und zu Fuß ist es eher zu weit. Ein Mietwagen kann eine sinnvolle Alternative sein oder man stellt sich eben auf Taxen ein.
TE	Terrasse
Teilweise renoviert	Frage: Bekommt man nun ein renoviertes oder ein nicht-renoviertes Zimmer? Bei der Buchung kann man oftmals Wünsche angeben, eine Garantie bekommt man jedoch nicht vorab.
Temperierter Pool	D.h. der Pool ist nicht beheizbar.

Touristisch gut erschlossen	Also Massentourismus pur: Bettenburgen samt den üblichen Bars, Restaurants, Discos, austauschbaren Souvenir-Läden. Die Folge: viel Lärm, Verkehr, viele Menschen...
Transfer inklusive	Die Fahrt mit dem Bus vom Flughafen zum Hotel bei der Hinreise und zurück am Abreisetag gehört zum Reisearrangement dazu und ist im Preis enthalten.
Transfer zubuchbar	Die Fahrt mit dem Bus vom Flughafen zum Hotel bei der Hinreise und zurück am Abreisetag gehört nicht zum Reisearrangement dazu und ist nicht im Preis enthalten, kann aber auf Wunsch kostenpflichtig dazu gebucht werden oder in Eigenregie (z.B. mit einem Mietwagen, Taxi) durchgeführt werden.
TV	Fernseher
TW	Twin Room (Zweibettzimmer)

U

Überlandbus hält ca. 60m vom Hotel	Das Hotel liegt direkt an einer viel befahrenen Hauptstraße / Autobahn.
Übernach-tung (Ü)	Nur die reine Unterbringung, keine weiteren Leistungen
Übernach-tung, Früh-stück (ÜF)	Unterbringung + Frühstück
Über Stufen / Treppen zu erreichen	Das Hotel liegt an einem Berg-hang oder oberhalb auf einer Klippe, so dass der Weg zum Badestrand schwer zugänglich ist.
U/F	Unterbringung + Frühstück
Ultra All-Inclusive (UAI)	„Ultra All-Inclusive" ist als Begriff nicht geschützt, d.h. jeder Rei-severanstalter kann dies indivi-duell für sich definieren. „Ultra" klingt nach mehr, muss es aber nicht sein.

Umfang- reiches Ani- mations- programm	Typisch für Clubs, die verschie- dene Unterhaltungs- und Sport- möglichkeiten im Angebot ha- ben.
Unaufdring- licher Service	Personal arbeitet langsam, ist unaufmerksam und verdrückt sich eher als dass es ansprech- bar und verfügbar.
Unberührte Natur	Weit ab vom Schuss und ohne jegliche (touristische) Infrastruk- tur, schlechte Straßen etc.
Ungezwun- gene Atmosphäre	Auf Niveau, Benehmen und Kleidung wird vom gleich- gültigen Hotelpersonal nicht geachtet. Kann auch viel Party und Lärm bedeuten.
Unmittelbar an der Strand- promenade	Bummeln, Flanieren – muss nicht ausschließlich Fußgängern vorbehalten sein, auch Durch- gangsverkehr kann erlaubt sein. Auch kann es durch Bars, Dis- cos rund um die Uhr laut sein.
Unterkunft ist lebhaft und ideal für akti- ven Urlaub	Party, Nachtleben, Alkoholisier- te; Lärm evtl. auch rund um die Uhr

Ursprünglich, naturbelassen	In Bezug auf den Strand bedeutet dies, dass der nicht feinsandige Strand nicht täglich gereinigt wird, Algen und Abfall im Sand liegen, Kieselsteine dazwischen sind und es weder Toiletten noch Umkleidekabinen gibt.

V

Verkehrs-günstige Lage	Das Hotel könnte an einer viel befahrenen und lauten Haupt-verkehrsstraße nahe eines Flug-hafens, einer Autobahn oder Bahn-/Busbahnhofes liegen.
Verstärktes Frühstück	Dasselbe wie „erweitertes kontinentales Frühstück": Weißbrot, Butter, Marmelade, Tee, Kaffee, Ei, Scheibe Wurst oder Käse
Vl	Villa
Via Berlin	Dasselbe wie ein „Direktflug": Flug mit Zwischenlandung, z.B. in Berlin mit / ohne Umsteigen
Villa	Hochwertige, geräumige und gut ausgestattete, separate Unterkunft
VL	Verlängerung
Von Jung-gesellen bevorzugt	Sextourismus, Prostitution im Haus. In Thailand wird dies auch gerne "bezahlbare Freund-schaften" genannt.

Von Stamm-gästen bevorzugt	Und sind Nicht-Stammgäste auch herzlich willkommen? Vorsicht bei einer derartigen Formulierung, die prinzipiell nichts über die Qualität des Hotels aussagt!
Vollpension (VP)	Vollpension (Frühstück + Mittagessen + Abendessen, wovon mindestens eine Mahlzeit warm sein muss)
VS	Vorsaison
VW	Verlängerungswoche

W

Weitläufige Anlage	Lange Wege in einem (sehr) großen Hotel
Wellness-hotel	Beherbergungsbetrieb mit spezialisierten Körper-, Entspannungs- und Kosmetikbehandlungen. Der Begriff „Wellness" ist nicht einheitlich definiert und nicht geschützt.
Wildromantische Lage	Idyllisch, aber ganz weit ab vom Schuss; die Zufahrtswege dorthin können sehr schlecht sein.
Wöchentliche Animation / Folklore	D.h. einmal pro Woche Animation, die anderen sechs Abende ist nicht los

Z

ZB	Zusatzbett
Zeitweise Fluglärm	Massiver Fluglärm möglicher- weise Tag und Nacht
Zentrale Klimaanlage	Klimaanlage / Heizung wird zentral gesteuert und ist nicht individuell regulierbar.
Zentraler Treffpunkt ist...	Dann gibt es auch meistens keine weiteren Treffpunkte im Hotel, deutet auf mangelnde Angebote hin.
Zentral gele- gen(es Hotel)	Die gute zentrale Lage bezahlt man meistens mit schlechter Luft durch Autoabgase, Lärm durch Straßenverkehr und Bars nicht selten rund um die Uhr.
Zimmer mit Meerblick	Vom Zimmer aus gibt es einen unverbauten Blick auf das Meer.
Zimmer-Safe	Aufbewahrung der Wertsachen im Safe gegen Gebühr

(Zimmer) zur Meerseite hin	Das Zimmer ist zwar zum Meer hin ausgerichtet, es gibt aber keinen unverbauten Blick darauf (z.B. Gebäude, Bäume dazwischen). Eben kein Zimmer mit Meerblick.
ZS	Zwischensaison
ZU	Zustellbett
Zu dieser Jahreszeit können Sie schon baden	Man „kann" schon, doch ob man es auch wirklich möchte angesichts des kalten Wassers, ist die Frage...
Zug zum Flug	Der Transfer mit dem Zug vom Wohnort zum Abflughafen und zurück ist Bestandteil des Reisearrangements und von daher im Reisepreis enthalten.
Zum Hauptstrand 1.500m	Angaben zu Entfernungen werden gerne kleiner gemacht als sie sind.
Zustellbett	Einfacheres zweites oder drittes (Klapp-)Bett

Zweckmäßig eingerichtete (Zimmer)	Sehr einfache Ausstattung, klein, ohne Komfort und ohne jegliche Annehmlichkeiten
Zwei-Bett Zimmer	Doppelzimmer mit Schlafgelegenheiten für zwei Personen in getrennten Betten, die man oftmals auch nicht zusammen schieben kann
Zwei Sitzungen	Restaurant ist zu klein, um alle Gäste gleichzeitig zu bedienen. Essen in zwei Schichten (z.B. um 18.30 und 21.00 Uhr).

III. Lernkontrolle

1. Quiz: Sind Sie fit für Ihren nächsten Urlaub? Machen Sie den Test!

Frage 1)

Unter dem Begriff "Leihwagen empfehlenswert" versteht man?

- ○ a) In dieser Gegend gibt es viel zu entdecken.

- ○ b) Das Hotel liegt absolut peripher, ggf. ist sogar ein Geländewagen zu empfehlen.

- ○ c) Es gibt besonders viele gute Angebote von Autovermietungen.

Frage 2)

Was versteht man unter einem "unaufdringlichem Service"?

- ○ a) Das Hotelpersonal arbeitet langsam, ist unaufmerksam und verdrückt sich eher als dass es ansprechbar und verfügbar.

- ○ b) Das Hotelpersonal kann dem Gast jeden Wunsch von den Lippen ablesen.

- ○ c) Das Hotelpersonal ist dezent zurückhaltend.

Frage 3)
Ein „strandnahes" Hotel befindet sich..

- a) max. 1.000 Meter vom Strand, also ca. 10 Min. zu Fuß

- b) direkt am Wasser

- c) direkt am Strand

Frage 4)
Was bedeutet die Formulierung "Helle und freundliche Zimmer"?

- a) Mit Liebe zum Detail in einer warmen Atmosphäre eingerichtet.

- b) Einfach, karg, praktisch und schlicht eingerichtet

- c) Licht durchflutet mit viel Glas

Frage 5)
Sie möchten von Ihrem Hotelzimmer aus direkt auf das Meer schauen und wählen deshalb bei der Buchung ein...

- a) Hotel mit Meerblick

- b) Hotel zur Meerseite

- c) Hotel in Strandnähe

Frage 6)

Ein angenehmes Raumklima bekommen Sie nur in einem...

- a) klimatisierbaren Zimmer.

- b) Zimmer mit zentraler Klimaanlage.

- c) Zimmer mit einer individuell regelbaren Klimaanlage.

Frage 7)

Ein umfangreiches, vielfältiges und ausgiebiges Frühstück im Hotel wird bezeichnet als:

- a) ein kontinentales Frühstück.

- b) ein reichhaltiges Frühstücksbüffet.

- c) ein verstärktes Frühstück.

Frage 8)

Was ist gemeint, wenn es heißt „Taxiverbindung zur Stadt zehn Minuten"?

- a) Man muss in der Regel zehn Minuten auf die Taxen warten.

- b) Taxen sind das übliche Fortbewegungsmittel in dieser Region.

- c) Taxen sind besonders günstig in dieser Urlaubsregion.

Frage 9)

Was steckt tatsächlich hinter der Formulierung „kurzer Transfer zum Flughafen"?

o a) Das Hotel liegt direkt am Flughafen.

o b) Das Hotel liegt max. 50 km vom Flughafen entfernt.

o c) Das Hotel liegt in der Nähe zum Flughafen.

Frage 10)

Was können Sie erwarten, wenn Ihr Zimmer mit „SAT-TV" ausgestattet ist?

o a) Es gibt Satelliten-TV mit allen deutschsprachigen Sendern.

o b) Der deutsche Fernsehsender SAT1 wird übertragen.

o c) Satelliten-TV mit Sendern aus mehreren Ländern; i.d.R. ist mindestens ein deutschsprachiger TV-Sender mit dabei.

Frage 1
Antwort b) Das Hotel liegt absolut peripher, ggf. ist sogar ein Geländewagen zu empfehlen.

Frage 2
Antwort a) Personal arbeitet langsam, ist unaufmerksam und verdrückt sich eher als dass es ansprechbar und verfügbar.

Frage 3
Antwort a) max. 1.000 Meter vom Strand, also ca. 10 Min. zu Fuß

Frage 4
Antwort b) einfach, karg, praktisch und schlicht eingerichtet

Frage 5
Antwort a) Hotel mit Meerblick

Frage 6
Antwort c) Zimmer mit individuell regelbarer Klimaanlage (Die Klimaanlage wird nicht zentral gesteuert, sondern kann im Zimmer nach den eigenen Wünschen und Bedürfnissen eingestellt werden.)

Frage 7
Antwort b) Ein reichhaltiges Frühstücksbüffet (umfasst drei verschiedene Brotsorten, zwei Marmeladensorten, zwei Kaffeesorten, Butter, Joghurt, Obst und Fruchtsaft)

Frage 8

Antwort b) Taxen sind das übliche Fortbewegungsmittel in dieser Urlaubsregion. (Dann gibt es offensichtlich keinen öffentlichen Personen- und Nahverkehr, z.B. Bus, und zu Fuß ist es eher zu weit. Ein Mietwagen kann eine sinnvolle Alternative sein oder man stellt sich eben auf Taxen ein.)

Frage 9

Antwort c) Das Hotel liegt in der Nähe zum Flughafen. (Man ist relativ zügig im Hotel, heißt aber im Umkehrschluss auch, dass das Hotel in der Nähe eines Flughafens oder Bahnhofs liegt und somit mit Lärmbelästigung (ggf. Tag und Nacht) zu rechnen ist.

Frage 10

Antwort c) Satelliten-TV mit Sendern aus mehreren Ländern; mindestens ein deutschsprachiger TV-Sender ist oft mit dabei, muss es aber nicht zwingend.

➜ **Urlaubsversteher:**

Wenn Sie *mehr als 9 richtige Antworten* haben, können Sie sich getrost „**Urlaubsversteher**" nennen! Hervorragend! Sie kennen die Urlaubsfallen und können sich entspannt zurücklehnen. Sie sind „fit" und sehr gut vorbereitet...

➜ **Fortgeschrittener Urlauber:**

Wenn Sie *5-9 richtige Antworten* haben, sind Sie grundsätzlich schon gut informiert und auf einem guten Wege, sollten sich aber doch noch einmal die eine oder andere Katalogfloskel anschauen, um bei Ihrer nächsten Urlaubsbuchung noch mehr Sicherheit zu bekommen...

➜ **Urlaubsanfänger:**

Wenn Sie *weniger als 5 richtige Antworten* haben, sollten Sie die o.a. Urlaubsvokabeln schleunigst noch einmal wiederholen. Sie wollen ja schließlich nicht (wieder) in die klassischen Urlaubsfallen tappen – und „Urlaub auf Balkonien" ist auch nicht wirklich eine Alternative...

IV. Gerichtsurteile (3 Beispiele)

Der Teufel liegt manchmal im Detail. Auf Feinheiten, Definitionen und Interpretationen von Begriffen kommt es machmal an. Manche Urlaubsreisende nehmen dies z.T. wortwörtlich, bestehen auf Ihr (vermeintliches) Recht und klagen vor Gericht dagegen – nicht selten mit einer Rechtsschutzversicherung. Stellvertretend dafür möchte ich Ihnen an dieser Stelle drei Vokabel- und Fallbeispiele (S. 92-94) aus meinem **Buch „*Die 50 skurrilsten Reisebeschwerden – und so hat Justitia entschieden!*"** zeigen, die tatsächlich vor Gericht verhandelt wurden:

> ➢ **„Gepflegtes Ambiente / Haus"**
> ➢ **„Zustellbett"**
> ➢ **„landestypisch"**

Beinfrei im Restaurant?

Auch im Ausland gibt es Spielregeln und landestypische Gebräuche. So sind Männer beim Abendessen angehalten, eine lange Hose zu tragen –
zumindest in der gehobenen Hotellerie (*„Gepfleg-
tes Ambiente / Haus"*). Das erschien einem Pau-
schaltouristen auf Kreta als Zumutung, er wollte
nur eine Dreiviertelhose tragen. Vom Hotelpersonal wurde er darauf aufmerksam gemacht, eine
lange Hose zu tragen, woraufhin er so erbost und
beleidigt war, dass er gegen den Reiseveranstalter
vor das zuständige Gericht zog und auf teilweise
Rückerstattung des Reisepreises klagte. Seine
Argumentation: Er habe sich vom Hotelpersonal
bloßgestellt gefühlt, außerdem sei im Reisekatalog
kein Hinweis auf den Kleiderzwang zu lesen gewesen. Bei Kenntnis der Hosenvorschrift hätte er die
Reise nicht gebucht. Das Gericht widersprach mit
der Begründung: Die landestypische Verpflichtung,
zum Abendessen in einem gehobenen Hotel eine
lange Hose zu tragen, stelle keine Beeinträchti-
gung der Reise dar. Sei jemand nicht bereit, sich
bei Auslandsreisen in gewissem Maße landestypi-
schen Gebräuchen zu beugen, müsse er eben zu
Hause bleiben.

§§§ Gerichtsurteil: Klage abgewiesen!
Amtsgericht München, Az.: 223 C 5318/10

2 Betten + 1 Couch = 3 Betten?

Beim geliebten Bett teilen sich ja die Meinungen – auch im Urlaub wird da keine Ausnahme gemacht. Ein Mann tingelte mit Frau und Sohn durch Mexiko und es hätte vermutlich eine vergnügliche Rundreise werden können, wäre da nicht das Betten-Problem gewesen: Denn in mehr als einem Hotel standen für die Nordamerika-Urlauber nicht wie gebucht drei Betten bereit, sondern nur zwei Betten plus zusätzlich eine Couch oder Matratze *(„Zustellbett")*. Unzumutbar, befand der Mann und zog zurück in Deutschland vor Gericht. Dort wurde seiner Beschwerde stattgegeben, jedoch nur zum Teil: Das zuständige Gericht befand, dass ein fehlendes Bett in der Tat ein Reisemangel ist – jedoch sei es nicht gerechtfertigt, für die betreffenden Tage 100% des Reisepreises zurückzuverlangen. Der Richter bestätigte damit die Einschätzung der vorherigen Instanz. Zur Begründung hieß es, die übrigen Reiseleistungen wie Rundreise und Verpflegung seien schließlich nicht beanstandet worden. Die vom Amtsgericht angesetzte Quote von 30% für die Minderung des Reisepreises sei deshalb angemessen. Das Gericht wies die Forderung des Klägers zurück, den Reisepreis auch für die beiden anderen Reiseteilnehmer für diese Tage zu mindern. Eine ausreichende Rechtfertigung dafür sei nicht zu erkennen.

§§§ Gerichtsurteil: Klage zum Teil stattgegeben!
Landgericht Frankfurt, Az.: 2-24 S 176/10

Ungeziefer „landestypisch"?

Offensichtlich hätte eine Safari-Reisende doch besser eine andere Reise gebucht. Eine Naturerlebnisreise war jedenfalls nicht das Richtige für sie. Es war ihr ein bisschen zu viel Natur und zu wenig Komfort. Jedenfalls hatte sie andere Vorstellungen und Erwartungen von der Wildnis Südafrikas. Sie störte sich an Insekten im Zelt, nasser Kleidung während der Monsunzeit und den Geräuschen eines Stromgenerators. Das zuständige Gericht konnte ihre Ansicht nicht teilen und lehnte ihre Klage ab: „Dass auf einer Safari-Reise, bei der in Zeltunterkünften übernachtet wird, Ungeziefer in die Zelte eindringen kann, ist grundsätzlich als landestypisch hinzunehmen." Außerdem werde ein Safari-Reisender „vernünftiger Weise" von sich aus dafür sorgen, dass er bei Monsunregen Wechselkleidung mit dabei hat. Schließlich könne auf einer Safari nicht erwartet werden, dass es stets eine öffentliche Stromversorgung gebe, weshalb Geräuschbelästigungen von Generatoren *„als reise- und landestypisch* hinzunehmen" seien.

§§§ Gerichtsurteil: Klage abgewiesen!
Landgericht Berlin, Az.: 15 S 33/09